AsombrosoS
ANIMALES
VENENOSOS

TEXTO
ALEXANDRA PARSONS

FOTOGRAFÍAS
JERRY YOUNG

B Bruño

Selección y coordinación de textos: Scott Steedman
Editor: Sophie Mitchell
Selección y coordinación de ilustraciones: Jacquie Gulliver
Jefe de redacción: Sue Unstead
Director artístico: Colin Walton

Fotografías especiales: Jerry Young
Ilustraciones: Mark Iley, John Bendall-Brunello y John Hutchinson
Animales proporcionados por «El Mundo Animal», de Trevor Smith
Asesores editoriales:
Personal del Museo de Historia Natural de Londres

Coordinación editorial: Trini Marull

Traducción: Juan Santisteban

ISBN 84-216-1382-0
Fotocomposición: Servigrafint, Madrid.
Fotomecánica: Colourscan, Singapur.
Impreso en Italia por A. Mondadori Editore, Verona.

Contenido

¿Por qué son venenosos?

Todos los animales han de encontrar alimento y evitar ser devorados. Algunos lo consiguen corriendo velozmente, otros mediante garras o cuernos, y otros escondiéndose. Los animales de este libro utilizan otra táctica: producen veneno, dando a sus enemigos sorpresas desagradables.

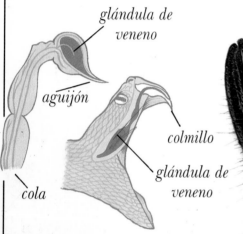

glándula de veneno

aguijón

cola

colmillo

glándula de veneno

El escorpión hace un ruido de aviso frotando las pinzas contra las patas.

¿Mordedura o picadura?

Los animales son venenosos de diferentes maneras. Los escorpiones inyectan veneno con una parte punzante de su cola. Las serpientes muerden e inyectan veneno con sus colmillos.

¿Qué son venenos y qué son toxinas?

Cualquier sustancia que pueda dañar o matar a un ser vivo es un veneno. Los venenos fabricados por animales pueden también llamarse toxinas.

Un aguijón al final de la cola.

El escorpión imperial

Este escorpión es de los mayores. Sólo pica si lo pisan o si atrapa a un animal demasiado grande para matarlo con las pinzas.

Un aguijón en su cola

El escorpión caza entre las hojas y cortezas del suelo de la selva. Tiene grandes pinzas como las de los cangrejos para atrapar insectos. Luego arquea la cola sobre el dorso, pica a la temblorosa víctima, ¡y adiós saltamontes!

Símbolos del mal

Las serpientes, las arañas y los escorpiones han sido siempre símbolos del mal. Pero los egipcios veneraban a la cobra, ¡y algunas personas todavía consideran distinguido llevar tatuado un escorpión!

¿Bailamos el vals?

Cuando los escorpiones se cortejan, se cogen entre sí con las pinzas y bailan.

Una patada venenosa

Ningún pájaro es venenoso; pero sí lo son algunos mamíferos, como el ornitorrinco macho, que tiene unas extrañas garras venenosas.

Pequeño, pero matón

La mayoría de los animales venenosos son pequeños. Este ciempiés podría matar un ratón o un sapo con una picadura de sus venenosas patas delanteras.

Arborícola venenosa

Esta diminuta rana vive en las lluviosas selvas de América Central y América del Sur. Sus vivos y brillantes colores dicen: «¡No me comas, soy venenosa!»

El veneno más mortífero producido por un animal...
... procede de la piel de la rana arborícola venenosa dorada. Una ranita del tamaño de tu pulgar lleva veneno suficiente para matar 20 000 ratones.

Varios nombres
El nombre científico de la rana arborícola venenosa es «dendrobates», pero los indígenas la llaman «rana del veneno de flecha».

Veneno para las flechas
Los indios sudamericanos untaban sus flechas con veneno de rana. Después de herir a un mono o a un jaguar con una flecha envenenada, los cazadores lo seguían por la selva, esperando a que cayera muerto.

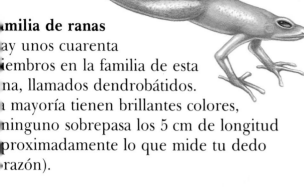

Familia de ranas

Hay unos cuarenta
miembros en la familia de esta
rana, llamados dendrobátidos.
La mayoría tienen brillantes colores,
y ninguno sobrepasa los 5 cm de longitud
(aproximadamente lo que mide tu dedo
corazón).

A cuestas del padre

Las ranas arborícolas venenosas cuidan
bien de sus hijos. La madre pone seis
huevos, no en una charca, sino en
una hoja. Cuando se transforman
en renacuajos, el padre
los lleva a cuestas a
una charca segura.

Una rana que sabe mal

Estas ranitas saben a rayos.
Cualquier ave que tenga la desgracia
de probar una la escupirá al instante.
Es probable que el ave no muera,
pero aprenderá a apartarse,
en el futuro, de las ranitas de
colores brillantes.

Canción de rana

La rana arborícola venenosa macho
canta a su dama una especie de
canción zumbadora
y alegre, para
animarla a
poner huevos.

La mortífera víbora

La víbora bufadora africana es una de las serpientes más venenosas. Dormita en la arena, esperando a que algún animal la despierte al pasar. Entonces le clava los mortíferos colmillos con asombrosa rapidez.

Una manera horrible de morir

El veneno de la víbora bufadora hace que una persona sangre por dentro. Al principio se produce un ardiente dolor en torno a la herida. Luego aparece un enorme cardenal y los labios de la víctima comienzan a estremecerse. Algunas personas mueren en menos de media hora, otras tardan varios días.

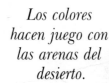

Los colores hacen juego con las arenas del desierto.

capa de piel falsa

colmillo

¿Te apetece un traguito?

Ordeñar una víbora bufadora es casi tan poco peligroso como ordeñar una vaca. El truco consiste en hacer que la serpiente muerda un trozo de piel falsa, de manera que eche su veneno en una jarra. El veneno es luego utilizado para fabricar una antitoxina, líquido que sirve para curar a las personas mordidas por esta serpiente.

El veneno del diablo

En una versión de la historia del Jardín del Edén, el diablo se esconde en los dientes venenosos de la serpiente. Cuando ésta abre su boca, salen de ella las palabras venenosas del diablo, persuadiendo a Eva para que coma el fruto prohibido.

¡Menudos colmillos!

La víbora bufadora tiene los colmillos largos, pero no tanto como los de la víbora del Gabón, que son tan largos como tu meñique.

Munición viva

Se sabe que los almirantes romanos mandaban arrojar jarras de serpientes venenosas vivas en los barcos de sus enemigos.

Tentáculos que pican

La actinia parece una flor subacuática. Pero, en realidad, es un animal, con tentáculos venenosos en lugar de pétalos. Usa los tentáculos para paralizar a los peces y arrastrarlos a su enorme boca.

Buscando la comida a tientas

La actinia está siempre tanteando el agua con sus tentáculos. Cada uno está revestido de millares de diminutos cargadores de veneno, a la espera de que algún pez grande o algún pie pasen por allí.

en reposo

carga de veneno

Látigos de veneno

Cuando un pez toca un tentáculo, hace que se disparen los cargadores de veneno. Un diminuto látigo cubierto de lengüetas y veneno sale agitándose de cada cargador.

disparador

lengüeta

Te presento a un amigo

Al pez payaso no le hace daño el veneno de la actinia. Los dos se ayudan mutuamente a sobrevivir. El pez limpia a la actinia y le da parte de su comida. A cambio, la actinia le deja esconderse entre sus tentáculos.

*La boca de
la actinia es
muy musculosa.*

Avispas de mar
La medusa también posee tentáculos irritantes, como las actinias. La medusa más peligrosa, llamada «avispa de mar», puede matar a una persona en dos o tres minutos.

Mucho estómago,
pero ningún cerebro
La actinia es poco más que un estómago, una boca y un montón de tentáculos que se agitan. Su base segrega unos jugos que la pegan al fondo del mar. Tiene unos cuantos nervios, ¡pero nada de cerebro!

Las feroces salamandras

A todas las aves, serpientes y musarañas les gustaría tener como plato principal del día unas tajadas de salamandra. Por eso, estos animalitos fabrican unos repugnantes venenos para salvar la vida. Tienen estos venenos en la piel.

Fingiendo ser venenosa

Algunos animales inofensivos poseen los mismos colores brillantes que los mortíferos, por lo que sus enemigos también los dejan en paz. La salamandra roja se parece a la cría del mortífero tritón de manchas rojas, pero no tiene ni una gota de veneno.

salamandra roja

Las salamandras de lugares diferentes tienen dibujos diferentes en amarillo y negro.

Joven tritón de manchas rojas.

No apto para cazar

Las salamandras sólo usan su veneno para defenderse: Cuando cazan lo hacen dando un mordisco por sorpresa.

glándula de veneno

La salamandra mancha
Su veneno no podría matar
pero te produciría escoz
si te entrase en una heri

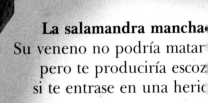

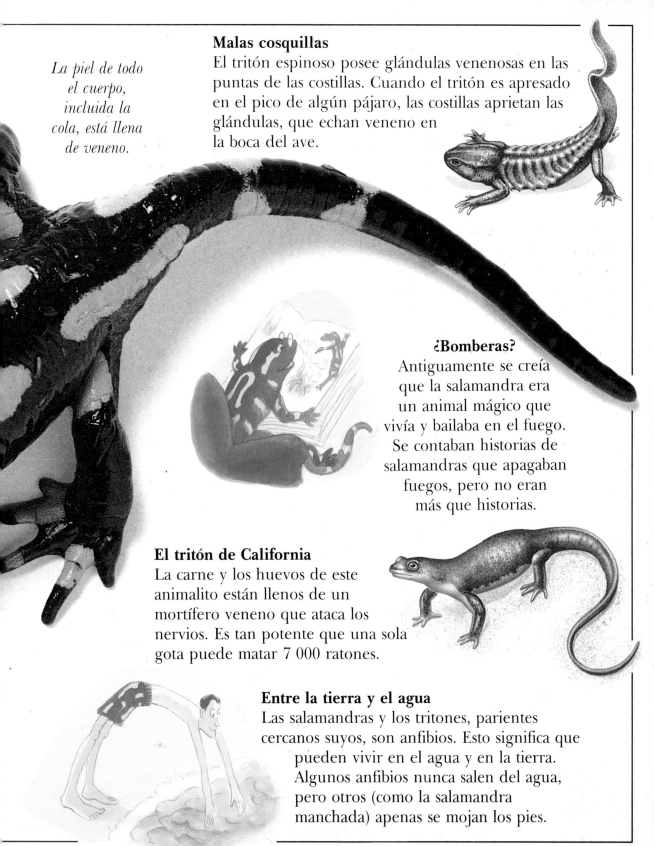

La piel de todo el cuerpo, incluida la cola, está llena de veneno.

Malas cosquillas

El tritón espinoso posee glándulas venenosas en las puntas de las costillas. Cuando el tritón es apresado en el pico de algún pájaro, las costillas aprietan las glándulas, que echan veneno en la boca del ave.

¿Bomberas?

Antiguamente se creía que la salamandra era un animal mágico que vivía y bailaba en el fuego. Se contaban historias de salamandras que apagaban fuegos, pero no eran más que historias.

El tritón de California

La carne y los huevos de este animalito están llenos de un mortífero veneno que ataca los nervios. Es tan potente que una sola gota puede matar 7 000 ratones.

Entre la tierra y el agua

Las salamandras y los tritones, parientes cercanos suyos, son anfibios. Esto significa que pueden vivir en el agua y en la tierra. Algunos anfibios nunca salen del agua, pero otros (como la salamandra manchada) apenas se mojan los pies.

El pez globo

Este pez tropical parece inofensivo. Pero es más venenoso que cualquier serpiente. Puede matar a una persona en media hora, dañando sus nervios de manera que no pueda moverse ni respirar adecuadamente.

Vida tranquila
El pez globo nada muy lentamente por aguas poco profundas y es fácil de pescar. Sólo es peligroso si se come.

Globos de agua
Existen más de cien especies de pez globo, pero todas ellas tienen la misma asombrosa habilidad. Cuando sienten peligro, absorben agua hasta hincharse como globos.

Plato mortífero
A los japoneses les gusta mucho comer peces globo, que ellos llaman *fugus*. Los cocineros están especialmente entrenados para separar las partes venenosas del pez. Pero cada año mueren envenenadas con *fugu* unas 20 personas.

El pulpo de anillos azules
Ésta es una de las criaturas más mortíferas del mar. Cuando muerde, inyecta una enorme dosis de TTX, el mismo veneno del pez globo.

El pez globo lleva veneno en la sangre
y en algunos órganos, como el hígado.

Peces siniestros

Muchos peces tienen espinas venenosas. No las usan para cazar, sino para defenderse. Lo más grande que come el delicado pez escorpión son camarones, pero este animal es uno de los más peligrosos de los mares.

punta afilada

tubo de veneno

Espina venenosa

Una espina de pez escorpión es como una jeringuilla. Un tubo central lleno de veneno termina en una punta muy afilada.

cuernos no venenosos

Muerto o vivo

Los peces venenosos todavía pueden inyectar veneno después de muertos.

Antes de poder venderlos como alimento hay que quitarles las espinas con mucho, mucho cuidado.

Un pez piedra nadando...

¡Cuidado con esa roca!

El pez piedra australiano es el más venenoso de todos. Yace en la arena fingiendo ser una roca, pero si pisas uno, ¡pronto advertirás la diferencia!

...y enterrado en la arena.

Una picadura de este bello pez escorpión puede producir agudos dolores.

Para quedarse con la boca abierta

Las pastinacas son famosas por su veneno desde hace miles de años. ¡Los romanos incluso usaban sus aguijones para curarse el dolor de muelas!

aguijón

El sapo más peligroso

Todos los sapos son venenosos, pero el sapo de la caña es el más gordo, feo y peligroso de todos. Utiliza los verrugosos bultos de sus hombros para envenenar a sus enemigos.

¡Menudo apetito!

Al principio sólo había sapos de la caña en las Américas, pero ahora también los hay en Hawai y en Australia. Comen enormes cantidades de escarabajos, arañas y todo cuanto pueden llevarse a la boca.

Un remedio peor que la enfermedad

Los agricultores australianos importaron sapos de la caña para que se comieran los escarabajos que destruían las cosechas de caña de azúcar. Se comieron algunos, pero también todo lo que encontraban. ¡Ahora son un problema mayor!

Hombreras

Las glándulas del veneno le sobresalen al sapo alrededor de la cabeza. Si un gato o un perro se comiesen un sapo ingerirían un trago de veneno, y podrían morir en menos de una hora.

Gándulas de veneno hinchadas.

Alfombra de sapos

En el norte de Australia hay tantos millones de sapos de la caña que la gente encuentra a veces en sus jardines, en lugar de césped, una alfombra deslizante de sapos.

La piel y la carne del sapo de la caña están también llenas de veneno.

Croando en paz

Los sapos de la caña macho se ponen a croar en las orillas de las charcas para hacer saber a su dama dónde se encuentran. Pueden croar tan alto como les plazca, pues saben que los gatos y los perros los dejan en paz.

¿Qué tenemos hoy de comida, cariño?

Hace 2 000 años, las mujeres romanas utilizaban veneno de sapo para matar a sus maridos.

Todos los sapos tienen cuatro dedos en los pies delanteros y cinco en los traseros.

La sorpresa del jardinero

Todas las arañas pican, y todas son venenosas. Pero algunas son más peligrosas que otras. La araña del embudo australiana, que excava sus madrigueras en jardines, puede matar a una persona en menos de dos horas.

quelícero　　**tubo**

glándula del veneno

«dientes»

Inyección de veneno

Los quelíceros de la araña están conectados con glándulas llenas de veneno. Cuando pica, hunde los quelíceros y sujeta fuertemente a su víctima con ayuda de unos «dientes» especiales. Luego la llena de veneno.

Matador de gigantes

La mayoría de las arañas comen insectos, pero las arañas del embudo han llegado a capturar lagartijas e incluso pajarillos.

¿Pintado de azul?

El picotazo de una araña del embudo produce dolor, calambres y copioso sudor. La víctima se vuelve azul y echa espumarajos. Hasta 1980, en que se descubrió una antitoxina, el siguiente paso era la muerte.

No te preocupes
Existen 30 000 clases de arañas, pero sólo unas 10, entre ellas la araña del embudo, pueden matar personas.

Una cuna cómoda
La araña del embudo hembra pone hasta 250 huevos, que deposita en un capullo parecido a un diminuto cojín de seda, situado en el fondo de su madriguera.

Todo queda en familia
Las arañas bebés se llaman arañuelas. Nacen cientos de ellas, pero sólo unas pocas se hacen mayores... con frecuencia comiéndose a sus propios hermanos y hermanas.

Todas las arañas tienen ocho patas, a diferencia de los insectos, que tienen seis.

¡Abre bien los ojos!
La araña más temida del mundo es la viuda negra. Su picadura produce dolor, mareo y muerte. ¡Y tiene la inquietante costumbre de tejer su tela en la taza del cuarto de aseo!

25

Un monstruo del desierto

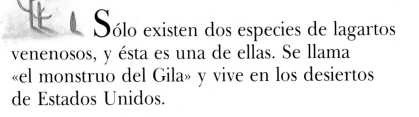

Sólo existen dos especies de lagartos venenosos, y ésta es una de ellas. Se llama «el monstruo del Gila» y vive en los desiertos de Estados Unidos.

¡Hola, vaquero!

Este lagarto grande y lento se llama así por abundar en la cuenca del río Gila, de Arizona, donde luchaban los vaqueros contra los indios.

Una exhibición monstruosa

Cuando un monstruo del Gila se siente amenazado, levanta la cabeza y bufa y resopla como un loco. Suele reservar su veneno para cazar, pero si es necesario también lo emplea para luchar.

La piel tiene unos dibujos coloristas para avisar a otros animales que se mantengan apartados.

garras fuertes
para excavar
madrigueras

Cola gruesa

No hay mucho que comer en
los cálidos desiertos de arena.
Por eso, el monstruo del Gila
ha de comer todo lo que
pueda cuando tiene
oportunidad. Almacena
grasa en su cola y vive
de ésta durante meses
o incluso años.

Dientes acanalados

El veneno del monstruo
del Gila procede de una glándula
situada en su mandíbula inferior.
El lagarto utiliza sus dientes
especialmente acanalados para
inyectar
el veneno
en su víctima.

acanaladura

diente

glándula del veneno

mandíbula inferior

Inmunizados

Muchos animales
venenosos son inmunes
a su propio veneno. Esto
significa que pueden ser
mordidos por otro de su
especie, o incluso por sí
mismos, sin resultar
envenenados.

Veneno paralizante

A cantidades iguales, el veneno del
monstruo del Gila es más mortífero
que el de una serpiente de cascabel.
Ataca los nervios y causa horribles
dolores y parálisis. Por suerte,
el monstruo raramente inyecta suficiente
cantidad de veneno para matar a una persona.

Primo del Sur

De los demás lagartos, el único venenoso
es el pariente más cercano del monstruo
del Gila, el lagarto granuloso de Méjico.

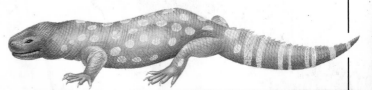

Ataque aéreo

Las abejas y las avispas son los animales
venenosos que más fácilmente
puedes encontrarte.
Por lo general,
sus picaduras sólo causan
un rato de dolor. Pero
algunas personas son
alérgicas al veneno de
avispa o de abeja
y pueden morir
por una sola picadura.

Abeja doméstica

Muchas gracias, señora abeja
Tenemos que estar agradecidos a las abejas.
Vuelan de flor en flor, recogiendo néctar para hacer
la miel. En sus viajes transportan polen de una
flor a la siguiente, haciendo así posible
que las flores se transformen en frutos.

Avispas
Las avispas son útiles,
pues matan muchos
insectos que echan
a perder
las plantas.

*Esta avispa europea es
una de las más de
50 000 especies de
avispas.*

Comunidad de vecinos

Las abejas viven juntas en panales. Cuando un panal se divide en dos, se marcha una nube de abejas en busca de un lugar bueno para construir un nuevo hogar. Esta nube de abejas se llama enjambre.

Picadura suicida

La abeja tiene el aguijón y la glándula del veneno en la cola. Cuando pica a alguien, su aguijón en forma de anzuelo se clava en la piel. El aguijón y la glándula quedan en la víctima, inyectando veneno, mientras la abeja se aleja para morir.

glándula del veneno

aguijón

Abejas asesinas

La picadura de una abeja normal no puede matarte. Un enjambre enfurecido infligió 2 243 picaduras a un niño ¡y éste sobrevivió! Pero una nueva especie de abeja sudamericana ha matado a unas 150 personas.

Exterminadoras de arañas

Las abejas son vegetarianas, pero las avispas son cazadoras agresivas que atacan con frecuencia a animales más grandes. Algunas especies incluso matan y devoran arañas.

Índice alfabético